W0272597

EINE KATZE KRAULEN

Die BUCKET LIST zum Glück

150 DINGE, DIE DU ERLEBT HABEN MUSST

AUF EINEM BOOT SCHLAFEN

VORWORT

GEHÖRST DU AUCH ZU DEN MENSCHEN, DIE NOCH AUF DEN PASSENDEN MOMENT WARTEN, UM ENDLICH DAS ZU TUN, WAS SIE SCHON IMMER EINMAL MACHEN WOLLTEN? FEHLEN DIR VIELLEICHT NOCH EIN PAAR ERLEBNISSE ZU DEINEM GLÜCK? DANN IST DIESES BUCH GENAU DAS RICHTIGE FÜR DICH. DENN ES IST RANDVOLL MIT IDEEN, HERAUSFORDERUNGEN UND SPAẞ – ES IST RANDVOLL MIT LEBEN!

DENN UM DAS LEBEN GEHT ES IN DIESEM BUCH, AUF JEDER SEITE, BEI JEDEM EINZELNEN LISTENPUNKT. DIE BUCKET LIST WILL DIR ANREGUNG UND INSPIRATION SEIN, DEIN LEBEN SO INTENSIV WIE MÖGLICH ZU LEBEN. UND SIE FORDERT DICH EIN WENIG HERAUS, INDEM SIE FRAGEN STELLT UND DIR PLATZ BIETET FÜR DEINE ANTWORTEN, ERINNERUNGEN UND KREATIVEN IDEEN.

FÜR JEDEN MENSCHEN SIEHT EINE BUCKET LIST EIN WENIG ANDERS AUS. DARUM GIBT ES AUCH KEINE REGELN, WIE DU DIESES BUCH BENUTZT. LIES ES VON HINTEN NACH VORN ODER BEGINNE IN DER MITTE. PASSE PUNKTE NACH BELIEBEN AN UND DENKE DIR SELBST NOCH NEUE AUS (PLATZ DAFÜR GIBT ES AUF DEN LETZTEN SEITEN GENUG!).

WICHTIG IST NUR: FANG AN! LEBE, ATME, LACHE UND TANZE.

BIST DU BEREIT? DANN NICHTS WIE LOS!

1.

☐ JEMANDEM EINE LIEBESERKLÄRUNG MACHEN.

DAS MUSS NICHT DIE GROßE LIEBE SEIN, DENN DIE HABEN NOCH NICHT ALLE VON UNS GETROFFEN. ABER VIELLEICHT LIEBST DU DEINE OMA, DEINEN HUND, DEINEN ZAHNARZT (PLATONISCH!).
SAG' ES IHNEN, ES WIRD SIE FREUEN.

ICH LIEBE DICH, WEIL ...

2.

☐ EINRAD FAHREN.

GUT FÜR DIE KONZENTRATION UND DEN GLEICHGEWICHTSSINN.

ODER FÜR DIE EINSICHT, DASS MAN IMMER NOCH DAZULERNEN KANN IM LEBEN. AUA!

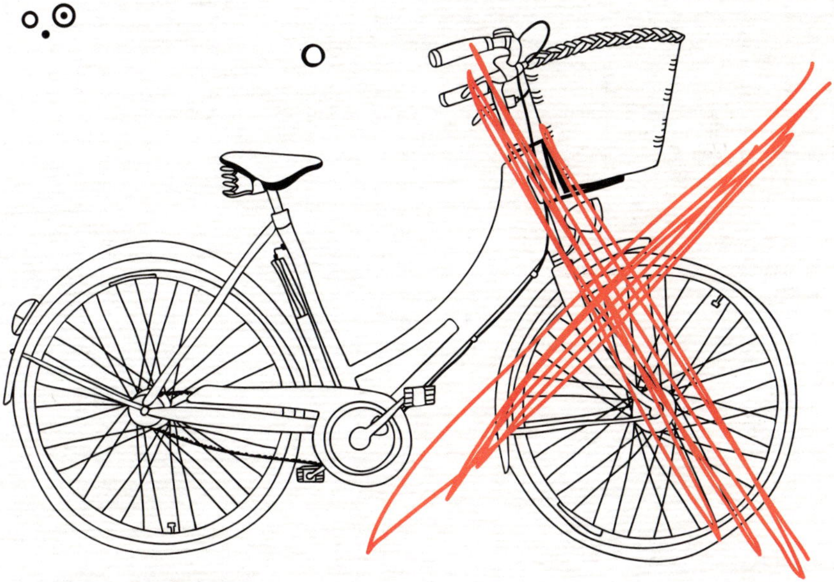

3.

☐ IM 7. HIMMEL SEIN.

MUSS KEIN DAUERHAFTER
AUFENTHALT SEIN.

ICH WAR DA AM:

ICH FLOG RAUS AM:

4.

□ PUPSEN, RÜLPSEN UND SCHMATZEN.

VERSCHEUCHT UNLIEBSAME NACHBARN UND MACHT SPAß. BITTE NICHT ZU OFT, VOR ALLEM NICHT IN GUTER GESELLSCHAFT!

5.

EINEN NEUEN KONTINENT BETRETEN.

ICH WAR HIER: ____________

☐ ANTARKTIS

☐ ASIEN

☐ MALLORCA

☐ ____________

☐ SICH MIT EINEM TIER UNTERHALTEN.

NICHT SO GUT GEEIGNET:

FISCHE (NICHT SEHR EINFÜHLSAM),

INSEKTEN (IRGENDWIE NICHT UNSERE WELLENLÄNGE),

TIGER (NICHT OFFEN FÜR GEWALTFREIE KOMMUNIKATION).

MEIN TIER:

7.

JEMANDEM ETWAS VORSINGEN.

- [ ] ALLEIN (OH GOTT)
- [ ] IN EINER GRUPPE (AUCH CHOR GENANNT)
- [ ] KARAOKE (IMMERHIN!)

8.

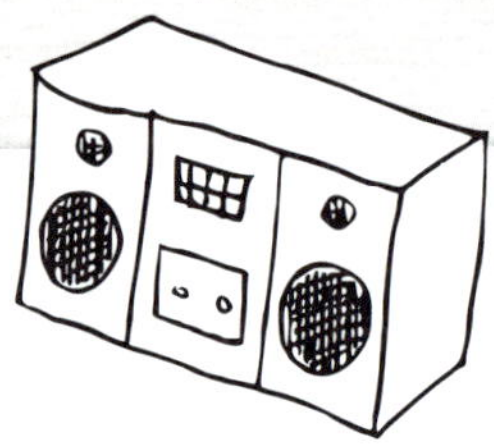

☐ MUSIK RICHTIG LAUT AUFDREHEN UND TANZEN.

(DAS SAGE ICH, WENN DIE NACHBARN KLOPFEN:)

- - - - - - - - - - - - - - -

- - - - - - - - - - - - - - - - - - - -

- -

9.

☐ SICH MIT SEINEN NACHBARN BEKANNT MACHEN

UND ZUSAMMEN EIN FEST FEIERN, BEI DEM SICH NIEMAND ÜBER DIE LAUTE MUSIK BESCHWERT.

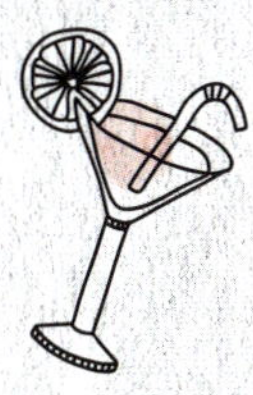

10.

☐ ETWAS TUN, WAS DIR RICHTIG SCHWER FÄLLT.

11.

☐ DICH FÜR EINE HELDENTAT (SIEHE PUNKT 10) BELOHNEN.

ZUR BELOHNUNG GAB ES:

- -

12.

☐ BARFUSS IM REGEN TANZEN.

ACHTUNG, REGENWÜRMER!

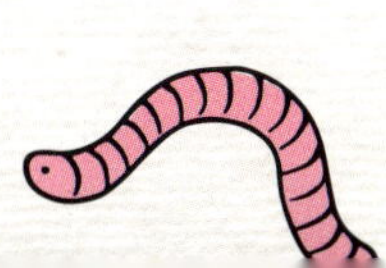

☐ DIE ERSTE FALTE FREUDIG BEGRÜSSEN.

SO JUNG BIN ICH NOCH!

(.............. JAHRE)

14.

☐ EINEN TAG LEBEN, ALS WÄRE ES DER LETZTE.

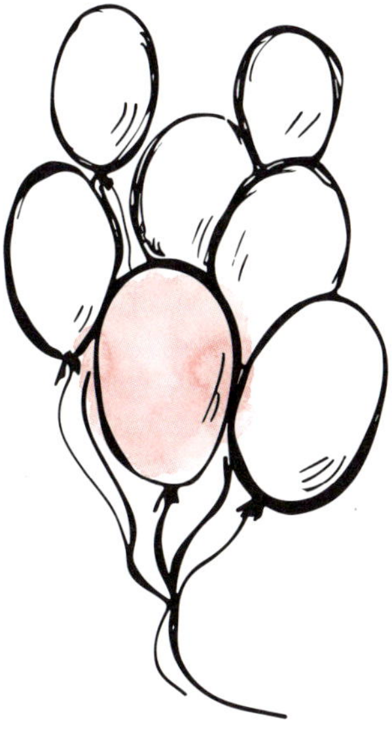

AN JEDEM TAG SCHAFFT MAN DAS NICHT, ABER AB UND AN SOLLTE MAN SICH KLAR MACHEN, WIE KOSTBAR DAS LEBEN IST.

15.

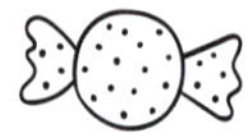

☐ SCHOKOLADE* ESSEN, BIS DER ARZT KOMMT.

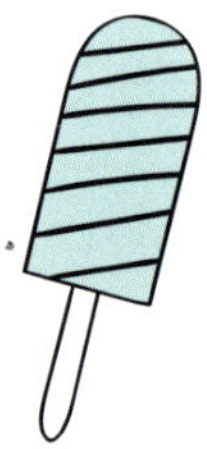

* GGF. AUCH VANILLEEIS, POPCORN ODER SUSHI.

16.

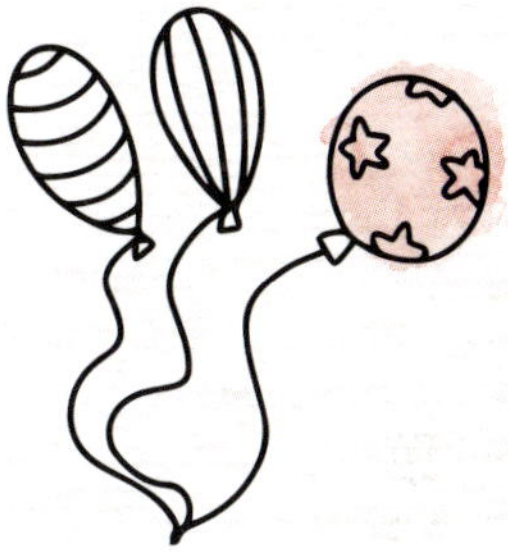

☐ EIN KIND AUFWACHSEN SEHEN.

MUSS JA NICHT DAS EIGENE SEIN. DAFÜR GIBT ES PATENSCHAFTEN, WAHLVERWANDTSCHAFTEN UND PATCHWORK-FAMILIEN.

☐ GUTES TUN.

BITTE NICHT NUR EINMAL IM LEBEN!

MEINE DREI BESTEN GUTEN TATEN BIS HEUTE:

☐ ______________________________

☐ ______________________________

☐ ______________________________

18.

☐ EIN GEFÄNGNIS VON INNEN SEHEN.

DANACH WEIß MAN WIEDER RICHTIG ZU SCHÄTZEN, WAS FREIHEIT UND SELBSTBESTIMMTHEIT BEDEUTEN.

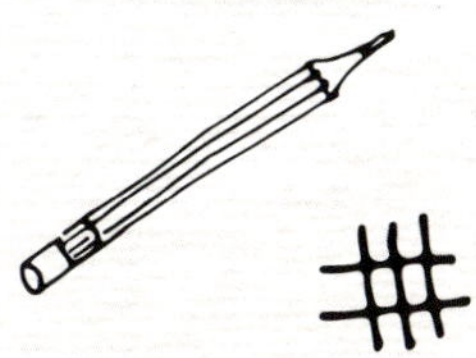

19.

☐ AN SICH SELBST EINEN BRIEF SCHREIBEN.

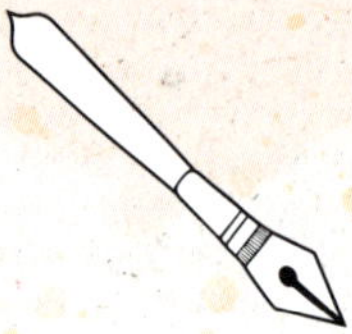

(HIER IST PLATZ, UM DEINEN BRIEF EINZUKLEBEN)

20.

☐ EIN EHRENAMT AUSÜBEN.

MEINE GRÜNDE:

- ☐ DIE WELT VERBESSERN
- ☐ INTERESSANTE MENSCHEN KENNENLERNEN
- ☐ MEINE ZEIT SINNVOLL NUTZEN
- ☐ ---------------------------

21.

☐ EINEN HOHEN BERG BESTEIGEN.

22.

□ BUNJEE-JUMPING!

(KANN EVENTUELL MIT PUNKT 21 ZUSAMMEN ERLEDIGT WERDEN.)

ICH BIN ------------ METER TIEF GESPRUNGEN.

23.

☐ EIN PAAR TAGE LANG IN EINEM KLOSTER SCHWEIGEN.

☐ SCHRECKLICH!

☐ NICHT MEIN DING

☐ HM

☐ GERNE WIEDER

☐ VERÄNDERTE MEIN LEBEN

24.

☐ EINE KUH MELKEN.

25.

☐ EINEN BESTEN FREUND/ EINE BESTE FREUNDIN FINDEN.

☐ KONTAKT ZU EINEM FAST VERGESSENEN FREUND AUS DER KINDHEIT AUFNEHMEN.

ICH HABE ____________________ WIEDERGETROFFEN.

27.

☐ AN EINEN ORT MIT RICHTIG VIEL SCHNEE REISEN

UND SICH SPÄTER WIEDER AN DEN FARBEN DER WELT ERFREUEN.

28.

BEI DER GELEGENHEIT:

☐ EINE SCHNEEBALL-SCHLACHT MACHEN.

29.

☐ EIN LIEGESTÜTZ-TRAINING BEGINNEN.

ZIEL: 20 LIEGESTÜTZE AM STÜCK.

KANN AUCH GERNE MEHR SEIN.

30.

☐ VOM REGEN NASS WERDEN BIS AUF DIE UNTERHOSE.

DABEI NATÜRLICH:

- ☐ IN PFÜTZEN SPRINGEN,
- ☐ UNTER REGENRINNEN STELLEN UND
- ☐ REGENTROPFEN MIT DER ZUNGE AUFFANGEN.

31.

☐ EINE DIGITALE DIÄT MACHEN UND KEINE SOZIALEN MEDIEN NUTZEN.

- ☐ EINEN TAG LANG
- ☐ EINE WOCHE LANG
- ☐ NOCH LÄNGER, NÄMLICH ____________________

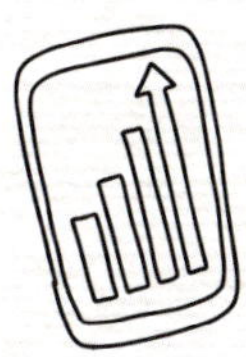

32.

☐ EINE WOCHE LANG TÄGLICH EIN FREMDWORT LERNEN UND DIRECT ANWENDEN.

33.

☐ MIT VERBUNDENEN AUGEN EINE MAHLZEIT ZU SICH NEHMEN.

DAS GEHT AUCH IM DUNKELRESTAURANT!

34.

☐ EINE EINZELNE SCHEIBE WURST ODER KÄSE KAUFEN UND VOR DEN AUGEN DES VERKAUFSPERSONALS GENÜSSLICH VERSPEISEN.

35.

☐ EINE SPINNE ANFASSEN.

SO GROß WAR SIE (BITTE EINZEICHNEN):

36.

☐ EIN GEDICHT FÜR ALLE ZEITEN AUSWENDIG LERNEN.

FÜR DEN FALL, DASS DU ES DOCH VERGESSEN SOLLTEST, SCHREIB ES HIER AUF:

37.

☐ BLUMEN PRESSEN.

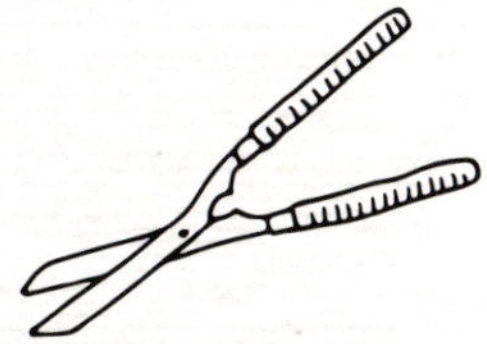

EINFACH ZWISCHEN ZWEI BUCHSEITEN LEGEN,
DAS BUCH MIT ANDEREN BÜCHERN BESCHWEREN
UND EINE WEILE ABWARTEN.

KLEBE HIER DEINE BLUME EIN:

38.

☐ MIT KLEIDUNG IN DIE BRANDUNG LAUFEN

UND SICH NICHT UMS NASSWERDEN KÜMMERN.

BITTE NUR BEI GUTEM WETTER.

39.

☐ SICH ALS FLUGZEUGPASSAGIER AUSRUFEN LASSEN.

40.

☐ EINEN MENSCHEN AUS EINER FREMDEN KULTUR KENNEN-LERNEN.

SICH UNTERHALTEN UND GUT ZUHÖREN.

41.

☐ EIN SPARSCHWEIN HABEN UND FÜLLEN.

42.

☐ SICH EINE DAUERWELLE MACHEN LASSEN.

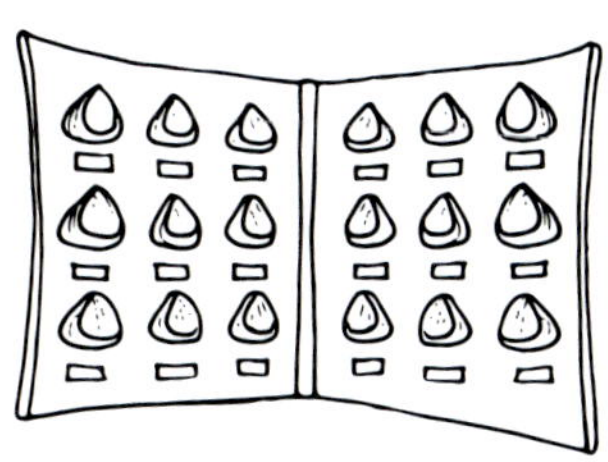

☐ EINEN TAG LANG EINE PERÜCKE TRAGEN.

- ☐ GAR NICHT MAL ÜBEL ...
- ☐ HAB ICH DIE HAARE SCHÖN!
- ☐ ENDLICH EINE FÖNWELLE!

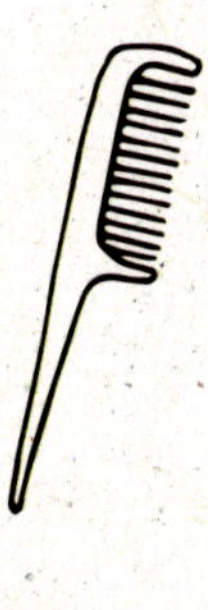

44.

☐ URALTEN WHISKEY TRINKEN.

IN SCHOTTLAND.

45.

☐ IM STAU ERSTER SEIN.

☐ JEMANDEM ETWAS VERZEIHEN.

OBWOHL MAN GENAU WEIß,
DASS MAN IM RECHT WAR.

47.

☐ EINEN REKORD AUFSTELLEN.

WORIN VOLLBRINGST DU HÖCHSTLEISTUNGEN?

48.

☐ KOPFSTAND ODER HANDSTAND MACHEN.

EIN RAD SCHLAGEN ZÄHLT AUCH.

NA GUT: ZUR NOT TUT ES AUCH EIN PURZELBAUM.

ABER NUR EIN SCHÖNER.

49.

☐ EINEN BAUM DURCH DIE JAHRESZEITEN HINDURCH BEOBACHTEN,

☐ FOTOGRAFIEREN, ☐ ZEICHNEN, ☐ ANSCHAUEN, ☐ ANFASSEN.

WENN MÖGLICH, AUCH MAL ☐ DRAUFKLETTERN.

SO SIEHT MEIN BAUM AUS:

We had joy,
we had fun ...

50.

☐ FREUNDLICH AN EINE UNGLÜCKLICHE LIEBE ZURÜCKDENKEN.

51.

☐ DIR ETWAS LUXURIÖSES GÖNNEN, OHNE REUE.

52.

☐ HERAUSFINDEN, WER ALLES MIT DIR ZUSAMMEN GEBURTSTAG HAT.

MEINE (BERÜHMTEN) GEBURTSTAGSVETTERN:

53.

☐ IN EINEM STERNE-RESTAURANT ESSEN …

… OHNE AUF DIE PREISE ZU SCHAUEN (SONST SCHMECKT ES NICHT).

TIPP:
NICHT ZU VIEL TRINKEN, SONST KRIEGST DU NICHT ALLES MIT.

54.

☐ IM HUBSCHRAUBER FLIEGEN.

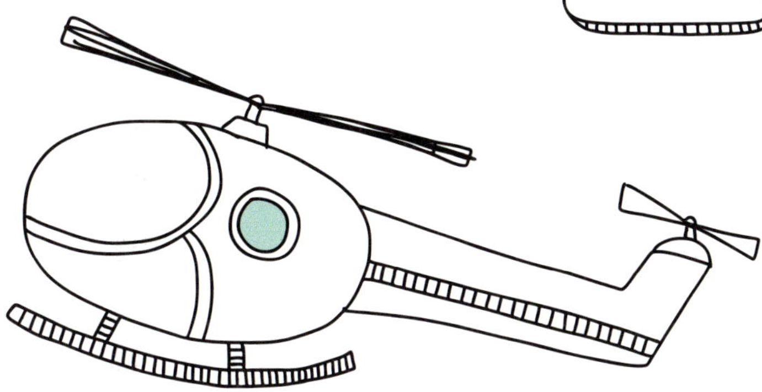

55.

☐ SICH ÖFFENTLICH IM GANGNAM-STYLE FORTBEWEGEN.

DIE LEUTE DÜRFEN GERNE GUCKEN!

56.

☐

IM PAILLETTENKLEID ODER SMOKING EINKAUFEN GEHEN.

☐ EINEN WAL AUFTAUCHEN SEHEN.

AM BESTEN MIT GROẞER SCHWANZFLOSSE.

58.

☐ EINEN TAG NICHTS HÖREN, NICHTS SPRECHEN, NICHTS LESEN UND NICHTS SCHREIBEN.

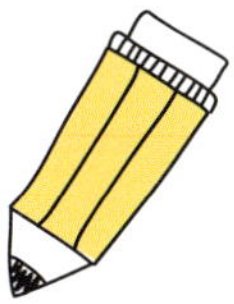

SOLL GUT SEIN FÜRS GEHIRN, ERNSTHAFT.

59.

☐ AUF EINEM ELEFANTEN REITEN.

FOTO:

60.

☐ EINE ARBEIT FINDEN,

BEI DER DU DU SELBST SEIN DARFST UND NICHT JEMAND SEIN MUSST, DER DIR EIGENTLICH FREMD IST.

- ☐ HAB ICH SCHON
- ☐ SUCHE ICH NOCH
- ☐ KÖNNTE NOCH WAS WERDEN
- ☐ TRÄUM WEITER!

61.

☐ EINEN GUTEN VORSATZ FASSEN UND DURCHZIEHEN.

JETZT SOFORT!
NICHT ERST SILVESTER!

62.

☐ LACHEN MÜSSEN UND NICHT MEHR AUFHÖREN KÖNNEN.

☐ IN DER SCHULE (WAHRSCHEINLICH SCHON ERLEDIGT)

☐ BEI EINEM VORTRAG

☐ IM YOGA-KURS

63.

☐ EIN PUZZLE MIT 1000 TEILEN SCHAFFEN.

64.

☐ HINTER EINEM WASSERFALL STEHEN.

65.

□ ÜBER DEN ROTEN PLATZ SPAZIEREN

UND DEN HAUCH DER GESCHICHTE SPÜREN.

(UND NOTFALLS AUCH DEN EISIGEN WINDHAUCH EINES KALTEN DEZEMBERTAGES.)

66.

☐ EINE WEILE EIN FAULTIER BEOBACHTEN

UND SICH SEINE BESTEN EIGENSCHAFTEN ABGUCKEN.

67.

☐ EIN KATZENVIDEO ANSEHEN

UND HERAUSFINDEN, WARUM DAS SOOO VIELE LEUTE SOOO GERNE UND SOOO OFT MACHEN.

☐ DANN NOCH GANZ GANZ GANZ VIELE KATZENVIDEOS ANSCHAUEN.

68.

☐ EINEN FAN HABEN.

DAFÜR BEWUNDERT ER DICH:

69.

☐ EINE FREUNDSCHAFT ODER GAR EINE LIEBE STIFTEN,

INDEM MAN DIE LIEBSTEN MENSCHEN,
DIE MAN KENNT, ZUSAMMENBRINGT.

DURCH MICH KENNEN (LIEBEN) SICH

________________ UND ____________ .

70.

☐ EINE NEUE SPRACHE LERNEN,

Z. B. RUSSISCH, JAPANISCH, MORSEALPHABET ODER GEBÄRDENSPRACHE.

71.

☐ EINEN SCHAL STRICKEN ODER HÄKELN.

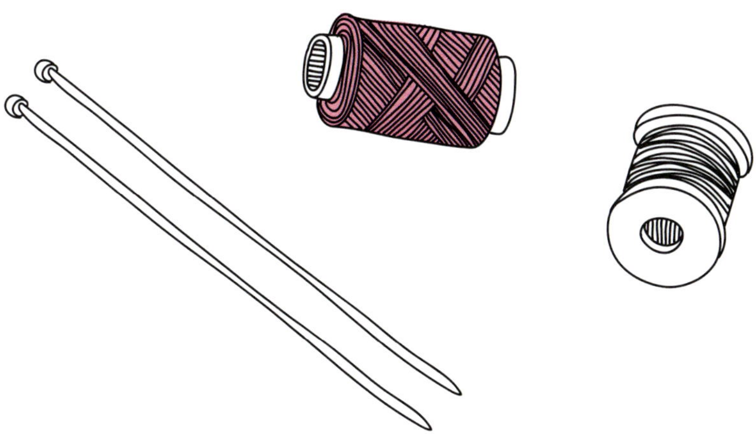

72.

☐ AUF EINER BÜHNE STEHEN UND FÜR ETWAS APPLAUS BEKOMMEN.

☐ UND DAS PURE GLÜCK DABEI SPÜREN.

73.

☐ AN EINER DEMO TEILNEHMEN FÜR EIN GUTES ZIEL.

☐ EINE BESSERE WELT

☐ FREIHEIT

☐ TIERSCHUTZ

☐ ____________

74.

☐ EIN INSTRUMENT LERNEN.

DAZU IST ES NÄMLICH NIE ZU SPÄT, AUCH WENN SIE UNS DAS FRÜHER GESAGT HABEN.

DIESES INSTRUMENT ~~MÖCHTE~~ WERDE ICH LERNEN:

75.

☐ AUF EINEM BOOT SCHLAFEN.

76.

☐ EINE UNTERWASSERWELT GESEHEN HABEN.

☐ TAUCHEN

☐ SCHNORCHELN

☐ UNTERWASSERBOOT

77.

☐ AN DER KLAGEMAUER STEHEN UND EINE KLAGE EINREICHEN.

78.

☐ BUSINESS CLASS FLIEGEN UND CHAMPAGNER BESTELLEN.

79.

☐ EINE WIRKSAME SPENDE TÄTIGEN.

★

DIE DARF AUCH KLEIN SEIN.
GELEGENHEITEN DAZU GIBT ES GENUG.

HIER KANNST DU DEN SPENDENBELEG EINKLEBEN:

80.

☐ MUTPROBE:
PER ANHALTER FAHREN.

81.

☐ BEI EINEM FLASHMOB MITMACHEN.

BEI WELCHEM HAPPENING HAST DU MITGEMACHT? ______________

____

☐ 5 STERNBILDER ERKENNEN.

1 ______________________

2 ______________________

3 ______________________

4 ______________________

5 ______________________

83.

☐ EINE WEILE AN EINEM FLUSS ENTLANGWANDERN. MIT ODER ENTGEGEN DER STRÖMUNG.

84.

☐ ALLEINE VERREISEN. (TRAUST DU DICH?)

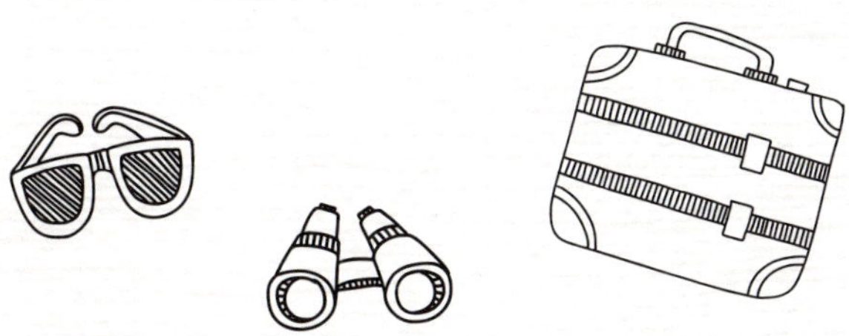

85.

☐ EIN FEST IN EINEM FREMDEN LAND MITFEIERN.

86.

☐ IM TOTEN MEER ZEITUNG LESEN.

ABER VORSICHT: KEINEN SPRITZER INS AUGE KOMMEN LASSEN, DAS TUT HÖLLISCH WEH.

87.

☐ EINE KATZE KRAULEN.

88.

☐ EINEN VULKANAUSBRUCH ERLEBEN. AUS SICHERER ENTFERNUNG.

89.

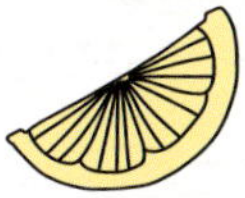

☐ EINEN COCKTAIL KREIEREN.

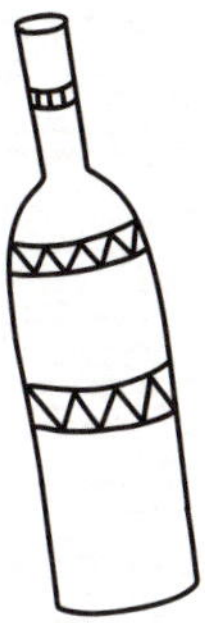

DAS IST MEIN BESTES COCKTAILREZEPT:

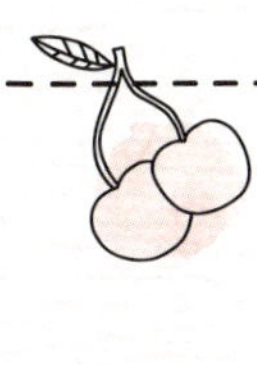

90.

☐ EINE LISTE DER MENSCHEN MACHEN, DIE DIR IM LEBEN ENTSCHEIDENDE IMPULSE GEGEBEN HABEN.

91.

☐ ETWAS VON GOETHE LESEN.

Z.B. DAS HIER:

» MAN SOLLTE ALLE TAGE WENIGSTENS EIN KLEINES LIED HÖREN, EIN GUTES GEDICHT LESEN, EIN TREFFLICHES GEMÄLDE SEHEN UND, WENN ES MÖGLICH ZU MACHEN WÄRE, EIN VERNÜNFTIGES WORT SPRECHEN. «

92.

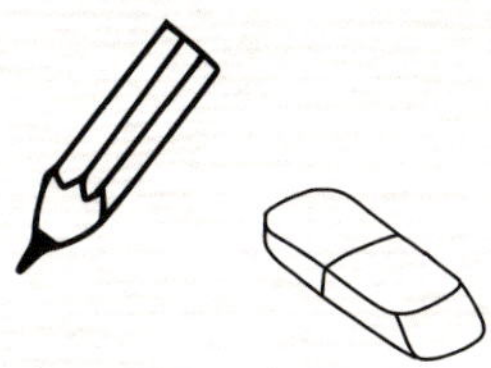

☐ EINEN ROMANANFANG SCHREIBEN.

93.

☐ ETWAS VERLOREN-GEGLAUBTES WIEDERFINDEN.

94.

☐ ROM SEHEN.

DORT HAT SO VIEL ANGEFANGEN.

UND SIE HABEN ECHT LANGE DARAN GEBAUT …

95.

☐ SICH AN EINE PEINLICHKEIT IM LEBEN ERINNERN,

SIE LAUT AUSSPRECHEN (ALLEINE) UND SIE DANN FÜR IMMER VERGESSEN.

96.

☐ AUF EINER BAHNREISE JEMANDEN KENNENLERNEN UND TELEFONNUMMERN TAUSCHEN.

97.

☐ EIN PAAR DINGE AUFSCHREIBEN, DIE MAN AN SICH SELBST SCHÖN FINDET.

1 ____________________
____

2 ____________________
____

3 ____________________
____

98.

☐ BEI EINEM KONZERT IN DER ERSTEN REIHE STEHEN.

MEIN BEWEISFOTO:

99.

☐ IN EINER BERGHÜTTE MIT ROT KARIERTEN VORHÄNGEN EINGESCHNEIT WERDEN.

☐ SICH EINE RICHTIG LÄSTIGE SACHE ABGEWÖHNEN.

DAS MUSS ICH SEIT -------- NICHT MEHR TUN:

101.

☐ HERAUSFINDEN, WAS DER EIGENE NAME BEDEUTET.

(VOR- UND NACHNAME)

102.

☐ JEMANDEM EINEN WUNSCH ERFÜLLEN.

AUCH WENN ES DIR UNBEQUEM IST
ODER DU AUF ETWAS VERZICHTEN MUSST.

103.

☐ IN EIN TAXI SPRINGEN UND RUFEN: »FOLGEN SIE DEM WAGEN DA VORNE!«

104.

☐ EINE REDE AUF JEMANDEN HALTEN.

105.

☐ AN EINEM GRAB STEHEN UND VON JEMANDEM ABSCHIED NEHMEN.

106.

☐ DAS POLARLICHT SEHEN.

☐ MIT EINEM HEISSLUFTBALLON FLIEGEN.

108.

☐ MIT DELFINEN SCHWIMMEN – IST WIRKLICH SOOO GUT!

WENN DAS NICHT GENUG KNALLT:

☐ TAUCHEN MIT HAIEN.

ODER ☐ FLIEGEN MIT DEN WILDGÄNSEN.

109.

☐ SICH MAL RICHTIG SCHNELL FORTBEWEGEN.

IDEEN: ☐ FORMEL 1

☐ WÜSTENRALLYE

☐ MONDRAKETE

110.

☐ IN EIN ALPHORN BLASEN.

111.

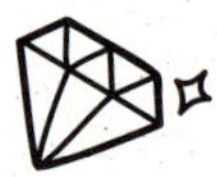

☐ EINEN TAG LANG ZU ALLEN, DENEN MAN BEGEGNET, UMWERFEND NETT SEIN.

112.

☐ SCHWERELOSIGKEIT ERLEBEN.

(DAFÜR GIBT ES SIMULATOREN!)

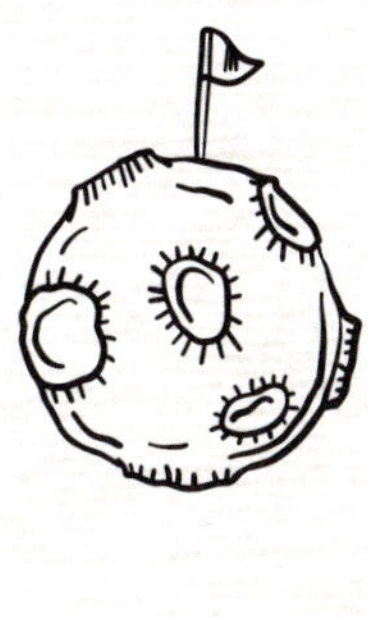

113.

☐ EINE SANDBURG BAUEN.

114.

☐ MIT ALPAKAS AUF TRECKING-TOUR GEHEN.

☐ EINEM EINHORN BEGEGNEN.

(WER BEHAUPTET HIER, DASS ES DIE NICHT GIBT???)

☐ SICH AUF EINEM BÜROSTUHL SO WILD IMMER WEITER IM KREIS DREHEN,

DASS MAN NACHHER NICHT MEHR WEIß, WO OBEN UND UNTEN IST, GESCHWEIGE DENN RECHTS UND LINKS.

117.

☐ DURCH EINE WÜSTE WANDERN.

118.

☐ EINE FASTENKUR MACHEN.

(ABER NICHT ÜBERTREIBEN!)

119.

☐ REGENZEIT MITERLEBEN.

SO VIEL WASSER AUF EINMAL!

120.

☐ EINEN FROSCH KÜSSEN …

… UND ABWARTEN, WAS PASSIERT.

121.

☐ NACKT IM MEER SCHWIMMEN.

EIN KLASSIKER NICHT NUR FÜR FKK-FANS.

122.

☐ EINE STECKNADEL IM HEUHAUFEN FINDEN.

GANZ EGAL, OB IN ECHT ODER IM ÜBERTRAGENEN SINNE.

123.

☐ EINEN RICHTIG GUTEN WITZ NICHT VERGESSEN UND IMMER WIEDER MIT GROSSEM ERFOLG ERZÄHLEN.

MEIN WITZ :

☐ SICH VON EINER KUH ÜBER DIE BACKE LECKEN LASSEN.

GÄNSEHAUT!

125.

☐ SPEZIALIST/IN FÜR ETWAS WERDEN.

MIT 10.000 STUNDEN ÜBUNG IST MAN IN ETWAS EXPERTE.

WORIN BIST DU EIN EXPERTE ODER WÄRST GERN EINER?

126.

☐ AUS EINEM PUMPS CHAMPAGNER TRINKEN.

NATÜRLICH AUS EINEM GETRAGENEN,
WAS SOLL DIE FRAGE?!

127.

☐ JEMAND ODER ETWAS GEFÄHRLICHES IN DIE FLUCHT SCHLAGEN.

WER ODER WAS WAR ES?

128.

☐ EINFACH MAL SAGEN:

»ICH MÖCHTE LIEBER NICHT.«

129.

☐ DUDELSACK SPIELEN.

☐ DAS EINZIGE NOCH VORHANDENE WELTWUNDER DER ANTIKE ANSCHAUEN: DIE PYRAMIDEN VON GIZEH.

☐ ETWAS HINTER SICH LASSEN.

132.

☐ EINE OPERNARIE EINSTUDIEREN UND SINGEN.

GANZ PRIVAT
UND ZUM SELBERGENIEẞEN.

133.

☐ EIN STAATSOBERHAUPT IN ECHT SEHEN.

KANN AUCH DER PAPST SEIN.

134.

☐ EINEN ORDEN VERLIEHEN BEKOMMEN.

135.

☐ ETWAS SÄEN ODER ANPFLANZEN

UND DEM PFLÄNZCHEN BEIM WACHSEN ZUSEHEN.

UND NATÜRLICH GUT PFLEGEN:

GIEßEN, DÜNGEN UND MIT IHM SPRECHEN!

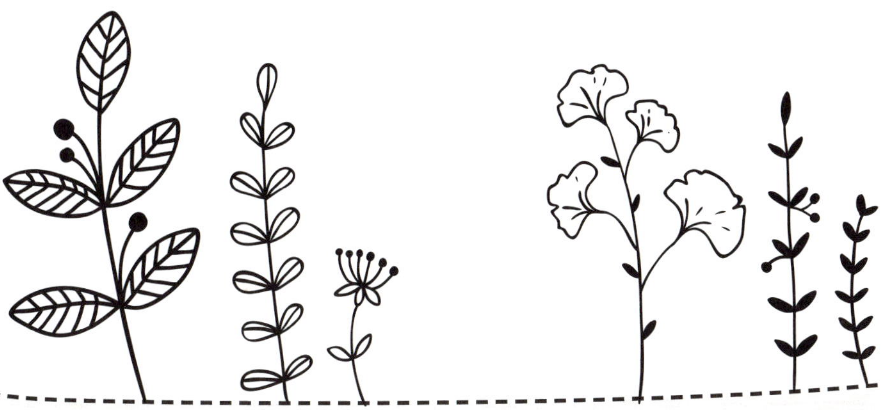

☐ SELBST EIN SCHMUCKSTÜCK KREIEREN UND VOLLER STOLZ TRAGEN.

ES STECKT SO VIEL MEHR IN DIR
ALS DU DENKST!

137.

☐ EIN BUCH ZU ENDE LESEN UND GLEICH WIEDER VON VORNE ANFANGEN, WEIL DU NICHT WILLST, DASS ES SCHON ZU ENDE IST.

138.

☐ EINEN RAUBVOGEL BEIM STURZFLUG BEOBACHTEN.

139.

□ HUNDERTPROZENTIG EHRLICH SEIN.

HÄLTST DU EINEN TAG LANG DURCH?!?

☐ IM DOPPELDECKERBUS OBEN VORNE MITFAHREN.

IN WELCHER STADT?

☐ LONDON

☐ BERLIN

☐ STADTRUNDFAHRT IN ____________

☐ ____________________

☐ EINE FREUND-
SCHAFT BEENDEN,
WENN DU MERKST,
DASS SIE NICHT
ZU RETTEN IST.

☐ EINEN ECHTEN ELCH SEHEN.

UND IHN MÖGLICHST KNUTSCHEN.

☐ ZU EINEM WRACK TAUCHEN UND ETWAS KOSTBARES BERGEN.

WAS HAST DU GEFUNDEN?

144.

☐ AUF EINEM ARABISCHEN BAZAR ETWAS ERHANDELN.

WAS HAST DU GEKAUFT?

☐ GAANZ, GAANZ VIEL LAMETTA IN EINEN WEIHNACHTSBAUM HÄNGEN.

UND DANN SAGEN:
FRÜHER WAR WENIGER LAMETTA .

146.

☐ DEN KÜHL-
SCHRANK GANZ
LEER ESSEN
UND ERST
DANN WIEDER
EINKAUFEN
GEHEN.

147.

☐ DICH SELBST AKZEPTIEREN.

MIT ALLEM, WAS ZU DIR GEHÖRT.

☐ EINEN LEBENDEN HUMMER KAUFEN – UND FREI LASSEN.

149.

☐ DAHINZIEHENDE WOLKEN BEOBACHTEN.

☐ DEN LETZTEN PUNKT AUF DEINER BUCKET LIST ABSTREICHEN –

UND DEINE GANZ PERSÖNLICHE BUCKET LIST ERSTELLEN!

- ☐ --
- ☐ --
- ☐ --

FÜR LEONID

ÜBER DIE AUTORIN:

IRIS WARKUS HAT WÄHREND IHRES LITERATURSTUDIUMS VIELE BÜCHER GELESEN UND IHR HALBES BERUFSLEBEN MIT BÜCHERN VERBRACHT. FAST LOGISCH, DASS SIE EINES TAGES MIT DEM SCHREIBEN EIGENER BÜCHER BEGANN. AUF PRIVATEN REISEN UND BEI DER ARBEIT HAT SIE EINIGE ENTLEGENE WINKEL DER WELT GESEHEN, DIVERSE EINSICHTEN GEWONNEN UND AUCH SCHON EIN PAAR BUCKET-PUNKTE ABGEHAKT.